Fundamentos de Fe

LIBRO INFANTIL PARA COLOREAR

ALL NATIONS INTERNATIONAL

Fundamentos de Fe - Libro Infantil para Colorear

Traducido por: Alfonso Yañez Perez

Copyright © 2020 por All Nations International

Derechos Reservados

El texto Bíblico ha sido tomado de la versión Reina-Valera © 1960 Sociedades Bíblicas en América

ISBN: 978-1-950123-68-1

Instituto de Entrenamiento Móvil Isaías 58

Disponible para utilizar en programas de entrenamiento

Para más información o para pedir copias adicionales de este manual:

email: is58mti@gmail.com

contáctenos en: www.all-nations.org

curso en línea: is58mti.org

DEDICAMOS

A aquellos que quieren saber... pero nunca tuvieron un maestro.

A aquellos que buscaron la visión... para correr con ella.

A aquellos que quieren saber «¿Qué sigue?»

A aquellos que son llamados a ser maestros...pero no saben qué enseñar.

A aquellos que buscan a Cristo en Nosotros, ¡la Esperanza de Gloria!

Que este manual te revele a Jesucristo y que la paz

que Él ha ordenado para ti este siempre contigo.

¿QUIÉN ES DIOS?

¿QUIÉN ES DIOS?

Creemos que Dios es creado como nosotros... No es así...
Nosotros somos **creados como Él**.
Dios existía... incluso antes de que fuéramos creados. Él no tiene ni principio ni fin. Dios lo hizo todo, el cielo y la tierra y a todos los seres vivos. Dios también hizo al hombre.

DIOS ES EL CREADOR

Al principio, Dios creó los cielos y la tierra en sólo siete días:

Día 1: Dios creó la Luz y separó la Luz de la Oscuridad.
Día 2: Dios creó los cielos.
Día 3: Dios creó la Tierra, el mar y la vegetación.
Día 4: Dios creó el Sol, la Luna y las Estrellas.
Día 5: Dios creó las Aves y los Animales Marinos.
Día 6: Dios creó los Animales Terrestres y los Humanos.
Día 7: Dios descansó.

Cuando Dios creó al hombre, lo hizo a partir del polvo de la tierra. Después de que Dios formó al hombre, sopló en él y el hombre se convirtió en una criatura viviente capaz de respirar. Esto nos hace especiales para Dios.

Salmo 145:8: "Clemente y misericordioso es Jehová, Lento para la ira, y grande en misericordia".

Dios quiere lo mejor para ti. La Biblia es la palabra de Dios escrita para que el hombre entienda Sus caminos y Sus mandamientos.

Dios es misericordioso, amable, lento para la ira, abundante en bondad amorosa y verdad.

Después de que Dios creó el mundo, Él hizo un jardín y puso al hombre en él. Imagina este lugar, ¡el más hermoso jardín o parque donde no hay dolor, sufrimiento o tormento! Todo lo que necesitas comer crece naturalmente allí para ti. Los animales se llevan bien pacíficamente. Nadie pelea o se enfada; no hay malas actitudes ni palabras desagradables. Dios y su pueblo caminaban y hablaban en el jardín cuando las tardes se volvían frescas.

Todo era perfecto.
Esto es lo que Dios hizo en el principio, para la gente que Él amaba.

¿DÓNDE VIVE DIOS?

Dios vive en el cielo y en nuestros corazones.
Dios tiene Su propio reino.
Dios tiene Su propia cultura y Su propia forma de expresarse. No podemos controlarlo.

ÉL ES DIOS.

Haz un dibujo de Dios en el Cielo

Haz un dibujo de Dios en tu corazón

¿DE QUÉ COLOR ES DIOS?

Dios es la Luz, la Luz es todos los colores.
Dios no es blanco, marrón, amarillo o negro.
Dios es todos los colores. TODOS estamos hechos como Él.

Es importante que sepamos quién es Dios y que Él quiere caminar y hablar con nosotros.
Dios quiere que su pueblo lo conozca.

Escritura para recordar: *Sus caminos notificó a Moisés, Y a los hijos de Israel sus obras. Salmo 103:7*

¿QUÉ SIGNIFICA SER CREADO A IMAGEN Y SEMEJANZA DE DIOS?

Cuando alguien te dice "eres igual a tu padre", quiere decir que hablas, caminas, piensas y actúas como tu padre o que tienes habilidades especiales como él. Cuando Dios nos creó, Él nos dio habilidades especiales y características como las que Él tiene.

Tenemos habilidades espirituales para conocer a Dios, para hablar con Él y estar conscientes de Su presencia.

Tenemos libre albedrío - podemos escoger.

Somos creativos - podemos crear.

Tenemos inteligencia - podemos pensar, aprender y entender.

Tenemos autoridad - podemos regir (controlar, organizar).

¿QUIÉN ES EL ÚNICO ENEMIGO DE DIOS?

Dios tiene un enemigo que es maligno y odia a Dios y Su gente. Este enemigo hará todo lo que pueda en su malvado alcance para detener el plan de Dios. El nombre de este enemigo es Satanás o "el Diablo".

Él fue al Jardín del Edén como una serpiente, para mentir a Adán y Eva. Adán y Eva escucharon a Satanás y pecaron. Entonces ya no pudieron seguir caminando y hablando con Dios. El mundo se convirtió en un lugar desagradable para vivir debido al pecado.

Dios le dijo a Adán y Eva que, si desobedecían, algo pasaría...

Ese algo se llama "Muerte".

AHORA, los humanos nacen con la tendencia a pecar... Está en su ADN.

Las personas perdieron la fuerza para crear o elegir lo que es correcto, y se convirtieron en esclavos del pecado. Están separadas de Dios.

DIOS QUIERE que seas Uno de Sus niños. **Dios te ama** y quiere que le conozcas y aprendas Sus caminos. Él te salvara de las mentiras del diablo y las ataduras del pecado. **Dios quiere restaurar** en ti Sus características especiales que Él le dio a Adán. **Dios quiere llevarte de vuelta** a "la imagen de Dios". Tú volverás a ser de Su Pueblo y **Él será tu Dios**. Aprenderás a conocerle, a caminar con Él y hablar con Él.

¿QUÉ ES EL PECADO?

EL PECADO ES:
HACER AQUELLO PARA LO QUE NO FUIMOS CREADOS.

¿ES PECADO LO QUE ESTOY HACIENDO?

¿QUÉ ES PECADO?

Hazte las siguientes preguntas:

- ¿Es algo que Dios dice que está mal?
- ¿Te está enfermando o haciendo sentir mal?
- ¿Siempre tienes que decirte a ti mismo que está bien?
- ¿Te sentiste culpable/mal cuando empezaste a hacerlo?
- ¿Tienes que evitar hacerlo?
- ¿Es pecado?

EL PECADO NOS SEPARA DE DIOS.

Dios quiere llevarnos de vuelta a Él, para que pueda caminar y hablar con nosotros como lo hizo en el Jardín del Edén con Adán y Eva.

¿QUÉ ES LO QUE DEBEMOS DE HACER CON RESPECTO AL PECADO?

- ¡Huir del pecado!
- Decir que sí a Dios
- Decir que no al diablo
- Acercarse a Dios
- Mantener tu corazón limpio
- Decidirte: "¡no lo volveré a hacer!"
- Pedirle a Dios que te perdone por tus pecados
- Dejar que Dios entre en tu vida

Haz un dibujo que muestre lo que hay que hacer con respecto al pecado:

¿QUÉ HACEMOS SI PECAMOS?

Debemos mirar nuestro pecado de la manera en que Dios lo ve.

Debemos arrepentirnos.

¿QUÉ ES EL ARREPENTIMIENTO?

Sentirnos culpables no es arrepentimiento
El arrepentimiento es mirar el pecado que hemos hecho… a la manera de Dios. Cuando lo hacemos, nos arrepentimos de lo que hemos hecho, y no lo volvemos a hacer.

A veces, tenemos que huir del pecado.

¿QUÉ OCURRE SI SOMOS DÉBILES AL PECADO?

La razón por la que Dios envió a Jesús, su único Hijo, para morir en la cruz por nosotros, fue porque SOMOS débiles al pecado. Cuando le pedimos a Dios que nos perdone, Dios nos da poder sobre el pecado. ¡Esto hace feliz a Dios!

PECAR es también NO HACER aquello para lo cual hemos sido creados.

Dios nos da mandamientos e instrucciones a seguir por nuestro propio bien. Es para convertirnos en la persona que Él nos creó para ser. También es para beneficiar a los demás. Cuando no obedecemos a Dios, cometemos pecado.

¿Qué te ha pedido Dios que hagas?

¿QUIÉN ES JESÚS?

Todos hemos pecado, así que ahora, ¿qué podemos hacer? El pecado nos separa del Dios que nos creó.

A veces nos sentimos separados y debemos emprender un viaje para encontrar a Dios.

¿POR QUÉ estamos separados de Dios?

Dios, el Creador del universo, caminó con Adán y Eva en el jardín. Adán pecó. El pecado de Adán lo separó a él y a todos sus descendientes de Dios. **Adán y Eva fueron maldecidos y se quedaron solos.**

¿QUIÉN es Jesús?

Jesús es el Hijo de Dios.

Jesús es Emmanuel "Dios en la Tierra".

Dios envió a Jesús para que fuera **"El Sumo Sacrificio"**. **Jesús se hizo** hombre para Salvar al hombre.

Jesús se convirtió en el Sacrificio por Nuestros Pecados. Jesús murió por nuestros pecados, para que no tuviéramos que morir sin Dios.

Jesús no sólo lava nuestro pecado, sino que nos quita todos los pecados pasados, presentes y futuros y trabaja en nuestros corazones para que no sigamos viviendo en pecado.
JESÚS nos devolvió al Padre. El último sacrificio de Jesús lo hace nuestro Salvador.

¿QUÉ ES EL ARREPENTIMIENTO?

Ahora nos damos cuenta que tenemos un problema: el pecado nos ha separado de Dios.

¿Cómo llegamos a donde Dios nos quiere llevar?

¿CUÁL es el problema?
Debido al pecado de Adán y Eva, ¡todos al nacer están separados de Dios!

¿CUÁL es la Solución?
¡El Arrepentimiento!

El LAMENTO HUMANO no es Arrepentimiento
No podemos simplemente sentirnos culpables cuando hacemos algo malo. Debemos pedir un cambio para no seguir pecando. Debemos sentir una tristeza que provenga de Dios.

LA TRISTEZA QUE PROVIENE DE DIOS – te lleva a hacer algo para remediar la situación.

¿Tienes algo sobre lo cual te gustaría arrepentirte?

¿Le has pedido a Jesús-el Sumo Sacrificio-que entre a tu corazón y te dé vida nueva? ¿Te has encontrado ignorando tus pecados y haciendo cosas a tu manera sin tomar en cuenta lo que el Dios de Abraham, Isaac y Jacob dice? Quizás deberías orar y pedirle perdón. Comienza esa nueva vida ahora.

¿QUÉ ES LA SALVACIÓN?

Salvación – el regalo que recibimos cuando aceptamos a Jesucristo, el "Sumo Sacrificio" quien nos regresa al Padre, de vuelta a lo que fuimos creados para ser, y nos enviará al Cielo cuando muramos.

¿POR QUÉ necesitamos Salvación?

Dios, el Creador del Universo, Caminó con Adán y Eva en el Jardín. Adán pecó. El pecado de Adán separó a Adán y todos sus descendientes de Dios.
¿Qué es la salvación?

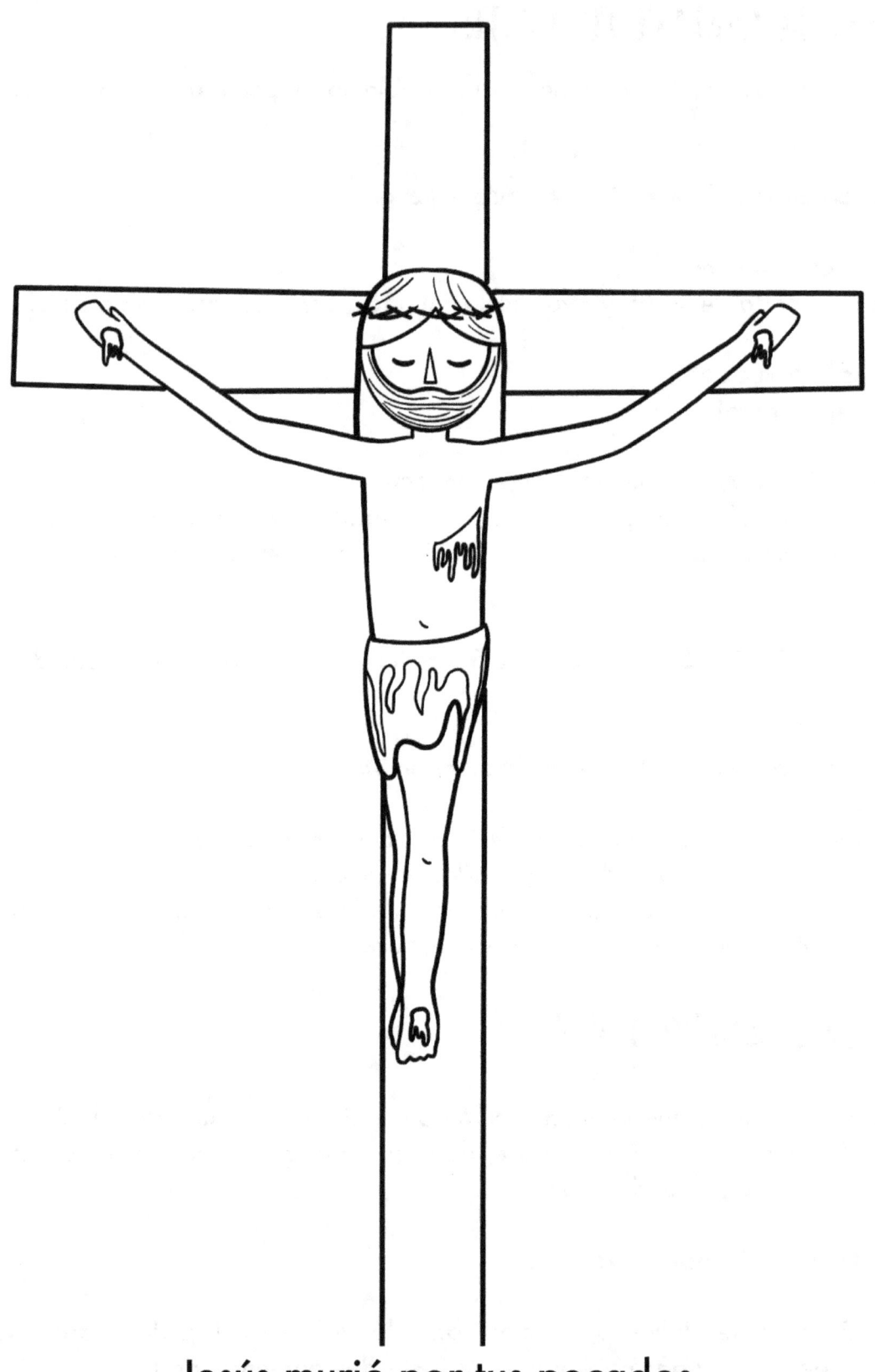

Jesús murió por tus pecados

Pídele que perdone tus pecados. Pídele que sea el Rey de tu corazón.

Escritura para recordar: *Os daré corazón nuevo, y pondré espíritu nuevo dentro de vosotros; y quitaré de vuestra carne el corazón de piedra, y os daré un corazón de carne. 27 Y pondré dentro de vosotros mi Espíritu, y haré que andéis en mis estatutos, y guardéis mis preceptos, y los pongáis por obra.*
Ezequiel 36:26-27

Cuando Jesús responde a tu oración, esto es lo que sucede:

CORAZÓN CON PECADO

CORAZÓN CON JESÚS

¿QUÉ ES EL BAUTISMO EN AGUA?

El Bautismo en Agua es cuando un creyente se sumerge bajo el agua; simboliza a Jesús muriendo y resucitando a una nueva vida.

Mediante el Bautismo en Agua, Jesús le dice a Satanás "**Ya no** tendrás control sobre ellos. Cuando ellos bajan a la tumba de agua conmigo, **todo** lo que tienes en ellos será removido". Sales del agua con una nueva vida, como una nueva criatura e **hijo de Dios**.

Unirte a Jesús en el entierro a través del Bautismo en Agua:
- Destruye el ADN - (la naturaleza pecadora) de Adán
- Reemplaza el ADN - (la Nueva naturaleza) de Jesucristo.

A través del Bautismo en Agua, ya no somos esclavos del pecado, sino servidores de la justicia. **Dios nos ha dado la respuesta.**

¿QUIÉN ES EL ESPÍRITU SANTO?

Nuestro Dios es tres personas, pero un sólo Dios. El Padre, Jesús Su Hijo y el Espíritu Santo.

El Espíritu Santo estuvo activo en la creación de la Tierra y en la escritura de la Biblia.

Al Espíritu Santo le encanta enseñar a la gente sobre Dios. Él te consolará cuando te sientas triste.

Al Espíritu Santo le encanta ayudarte cuando se lo pides.

¿QUé ES EL BAUTISMO DEL ESPíRITU SANTO?

Después de que Jesús fue asesinado, estuvo muerto por tres días, luego su Padre lo devolvió a la vida. Después de eso, regresó al cielo para estar con su Padre. Antes de que Jesús fuera al cielo, pasó 40 días con sus estudiantes. Prometió enviar el Espíritu Santo para estar con ellos para que no estuvieran solos.

Después de que Jesús se fue, el Espíritu Santo fue a los estudiantes de Jesús que estaban juntos orando, y los bautizó con poder y audacia. Fue una experiencia muy asombrosa. Empezaron a predicar con audacia sobre Jesús en idiomas que nunca habían aprendido y curaron a los enfermos.

Ahora no tendrían miedo o estarían solos, porque el Espíritu Santo fue a vivir dentro de ellos, así que Él siempre estaría con ellos. ¡La promesa de Jesús es para ti también! Puedes tener el bautismo del Espíritu Santo también si se lo pides a Él.

¿QUÉ DEBO HACER PARA SER SALVO?

Ora esta oración:

Querido Jesús, sé que he pecado; he elegido hacer cosas que están mal cuando podría haber elegido el camino correcto. Me arrepiento de esos pecados; quiero y necesito que mi vida cambie... hoy. Por favor, perdóname y coloca tu nuevo corazón y tu nuevo espíritu dentro de mí. Por favor, ven y vive en mi corazón para siempre. Jesús, por favor llena mi corazón con tu amor y compasión por los demás y guíame todos los días de mi vida. Amén

Ahora, busca una iglesia que crea en la Biblia como la Palabra de Dios. Averigua cuáles son los siguientes pasos para ser Cristiano, seguir a Jesús, conocer a Dios como tu Rey, y ser guiado por Su Espíritu.

¿CÓMO podemos proteger un regalo tan grande?

Pasa momentos con Dios y otros creyentes

Camina en la Luz - en la honestidad

Sigue confesando tus pecados

Dedica tiempo a leer tu Biblia

Ora diariamente

SAL Y HAZ DISCÍPULOS

Un discípulo es un seguidor o estudiante de un maestro.

Cuando Jesús llamó a sus discípulos, simplemente dijo: "Y les dijo: Venid en pos de mí, **y os haré** pescadores de hombres". Mateo 4:19

Jesús les enseñó a hacer todo lo que Él hizo, a sanar toda clase de enfermedades, a echar fuera demonios y a predicar sobre el Reino de los Cielos.

Justo antes de que Jesús fuera al cielo, les dijo a sus discípulos que le dijeran a todo el mundo las buenas noticias.

PERO, ¿CÓMO PUEDES SEGUIR A UN DIOS QUE NO PUEDES VER?

Sigue la Biblia. Este es nuestro libro de instrucciones para enseñarnos lo que es correcto. Es la carta de Dios para nosotros.

Sigue al Espíritu Santo que nos da dirección personal, ya que ahora Él vive dentro de nosotros.
Es natural que escuches la voz de Dios y seas guiado por el Espíritu Santo.

Dios ama tanto a las personas que Jesús murió por ellas. Quiere que se lo digas a la gente y que hagas discípulos de aquellos que creerán en tus palabras.

Escritura para recordar: "Por tanto, id, y haced discípulos a todas las naciones". Mateo 28:19, Marcos 16:15-16.

DE GRACIA RECIBISTEIS,
DAD DE GRACIA.

Escritura para recordar: Mateo 28:19 *"Por tanto, id, y haced discípulos a todas las naciones, bautizándolos en el nombre del Padre, y del Hijo, y del Espíritu Santo; 20 enseñándoles que guarden todas las cosas que os he mandado; y he aquí yo estoy con vosotros todos los días, hasta el fin del mundo".*

How to make Paper Dice:
1. Photocopy this page - there are two die here to let you practice.
2. Cut the die out along its outside border.
3. Fold the die along each of the six sides (along the lines).
4. With small pieces of clear tape, tape each edge to another edge. ...
5. Roll the die to see if it works, then play the game!!

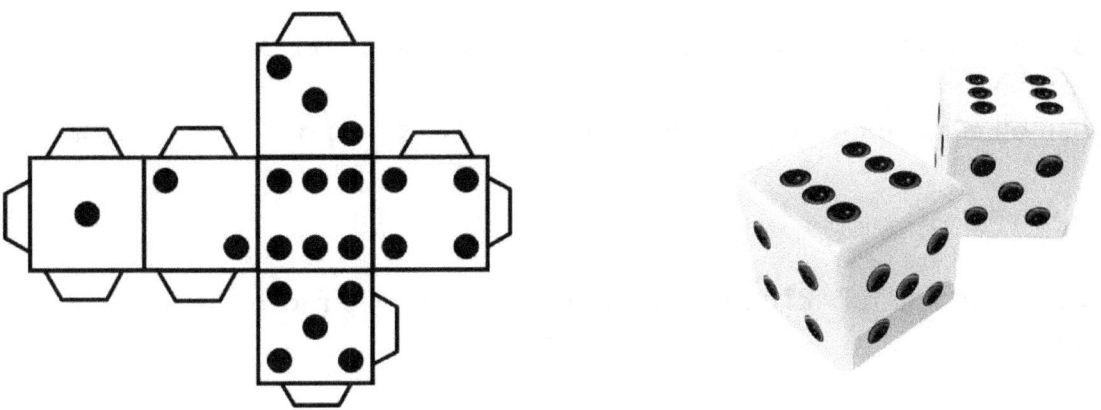

Make a copy of the cards and cur out 3 sets. Shuffle them and draw a card. Move the amount of spaces on the card.

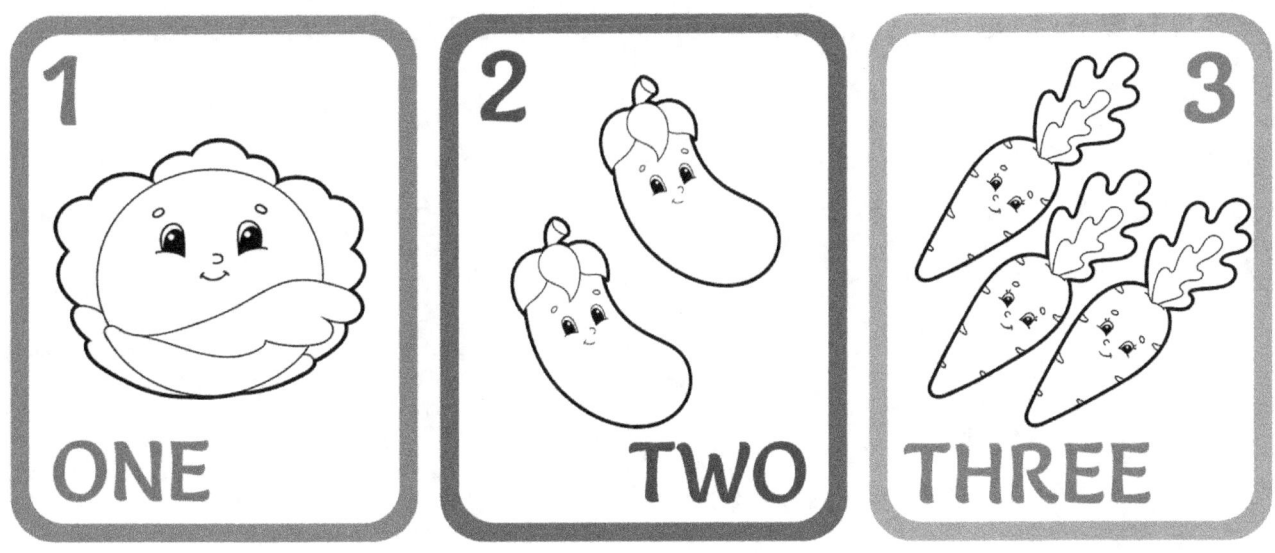

The Journey - Game Setup

YOU NEED:
- Number cards or Dice
- Bottle caps or other small objects - 1 per player

You can make it:

- Make 3 sets of cards, number them from 1-3. Or make paper dice - see pictures on opposite page.
- Place 1 small coin, bottle cap or other object on the start space - per player.

Object of the Game:

The first player to go from START to FINISH wins. You can only reach there by an exact count.

Game Play
On your turn a player must:
- Draw a card or roll the paper dice and move the amount of squares on the card
- If you reach the FINISH square and have too many moves you must move backward.
- Two or more players may stop on a square at the same time.
- The first player to get the bottle cap on the FINISH square wins the game!

www.ingramcontent.com/pod-product-compliance
Lightning Source LLC
Chambersburg PA
CBHW081759100526
44592CB00015B/2490